Nicole Schäufler

Gestern war ich noch schwanger

Ein Bilderbuch für Frauen,
die ihr Kind in der Schwangerschaft
verloren haben

Für
Thomas und Amelie

Meine Arme,
es tut mir so leid.

Es tut mir so leid,
dass auch du
dies durchleiden musst.

Ich weiß,
nichts kann dich trösten.

So lass mich mit dir weinen.

Lass uns weinen
um dein Kind.

Gerade eben noch war alles gut.

Ich bin schwanger.
So wunderbar schwanger.

Ich strahle.
Ich schwebe.

Mein Kleines!
Mein Kindchen!

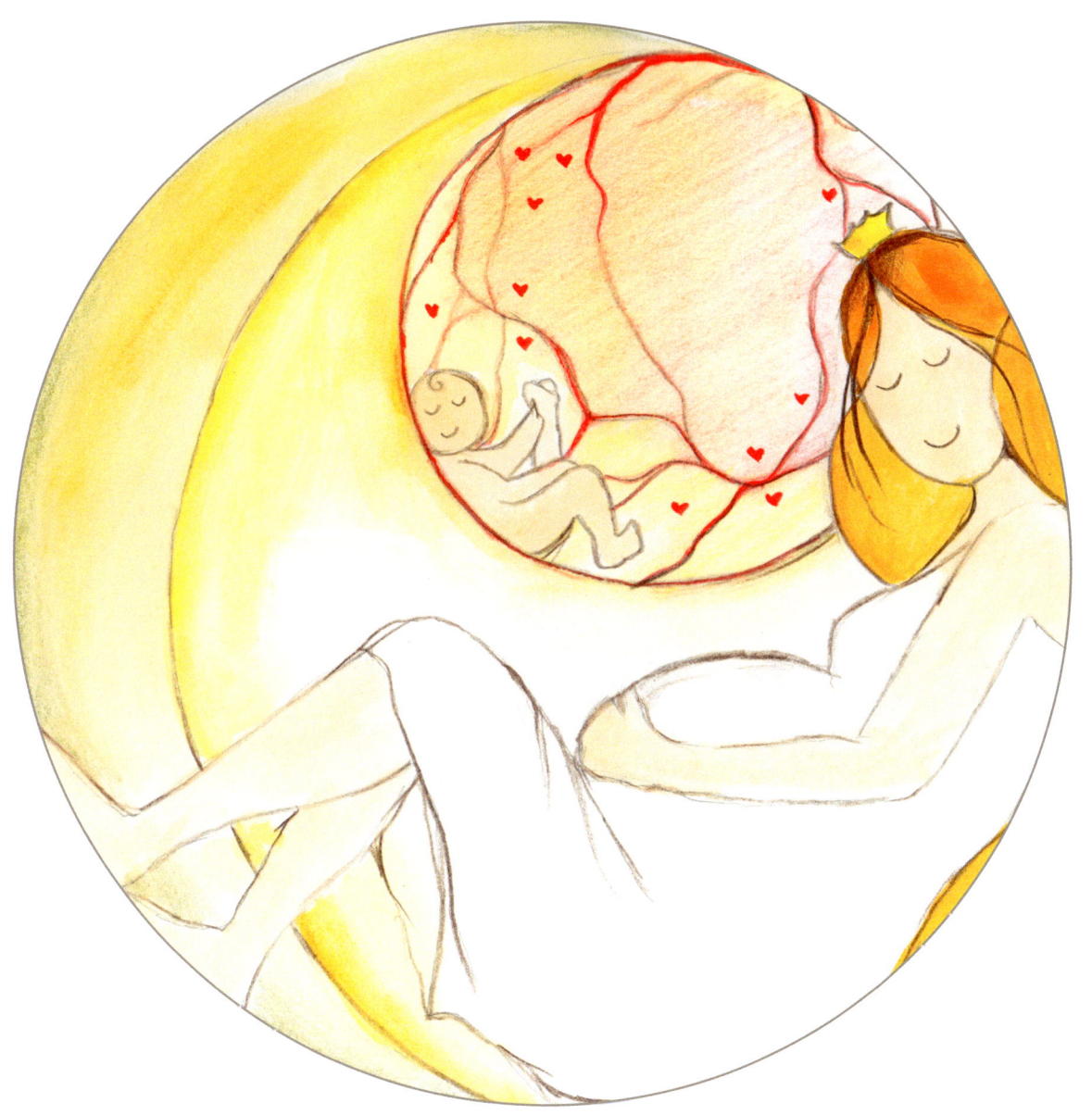

Ich freu' mich so auf dich.

Dann kommt die Angst.

Irgendetwas stimmt nicht.

Bleib bei mir, Baby, bleib bei mir.
Bitte, bitte, bleib bei mir!

Ich will nicht gehen.
Ich weiß, dass ein Alptraum beginnt.

Bitte sag', dass alles in Ordnung ist.
Nur diesen einen Satz.
Dass alles in Ordnung ist.
Bitte, bitte!

Kein Wort dafür

„Es tut mit leid ..."

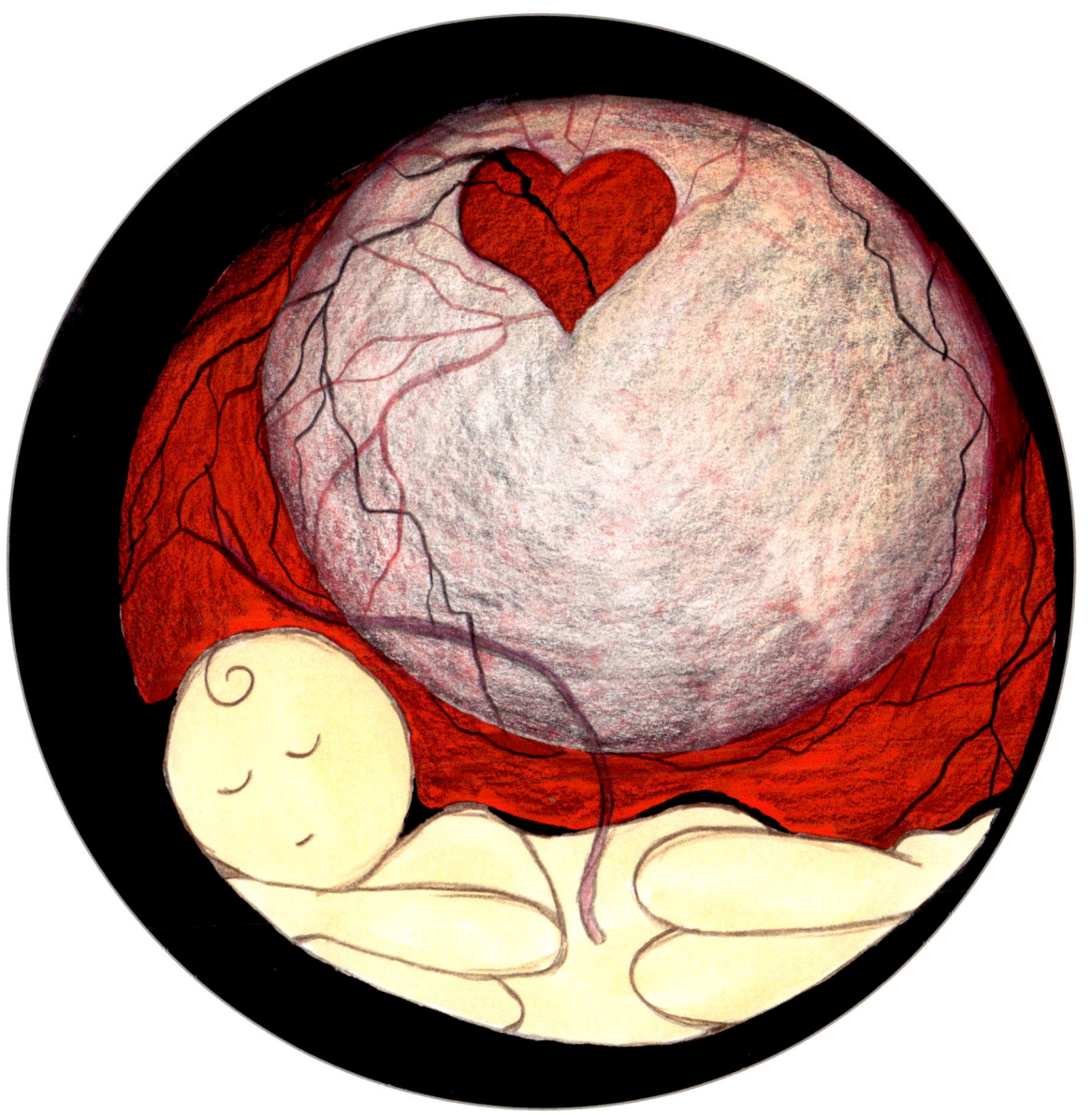

„... Ich kann leider keine Herztöne ..."

„… leider …"

„... Sie können sich jetzt anziehen.
Wir besprechen dann ..."

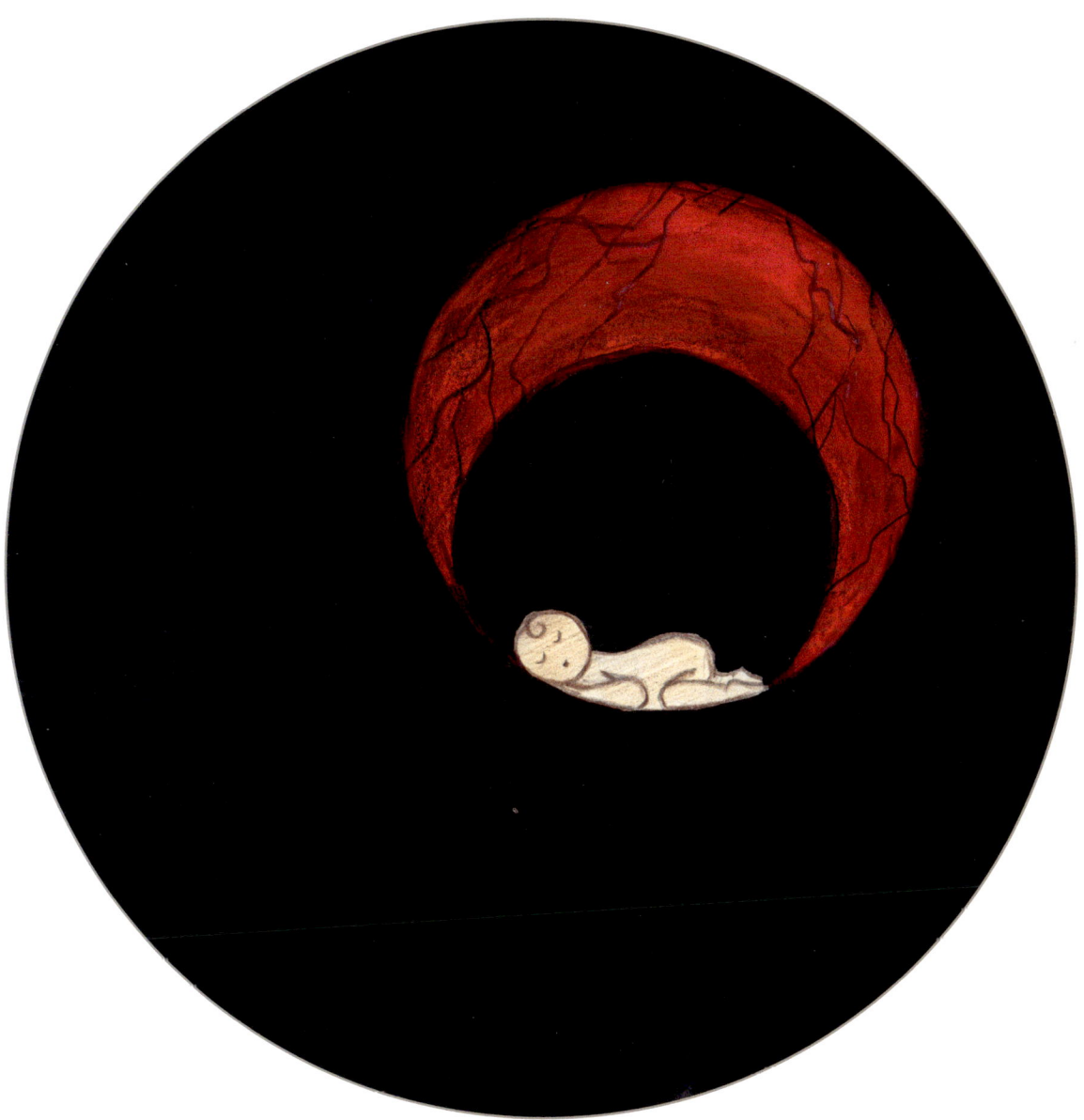

Mein Kind,
mein armes Kind!

Ich hab' es nicht gemerkt!
Ich habe nicht gemerkt,
dass mein Kind gestorben ist.

Ich will mein Baby nicht hergeben.
Ich will nicht!

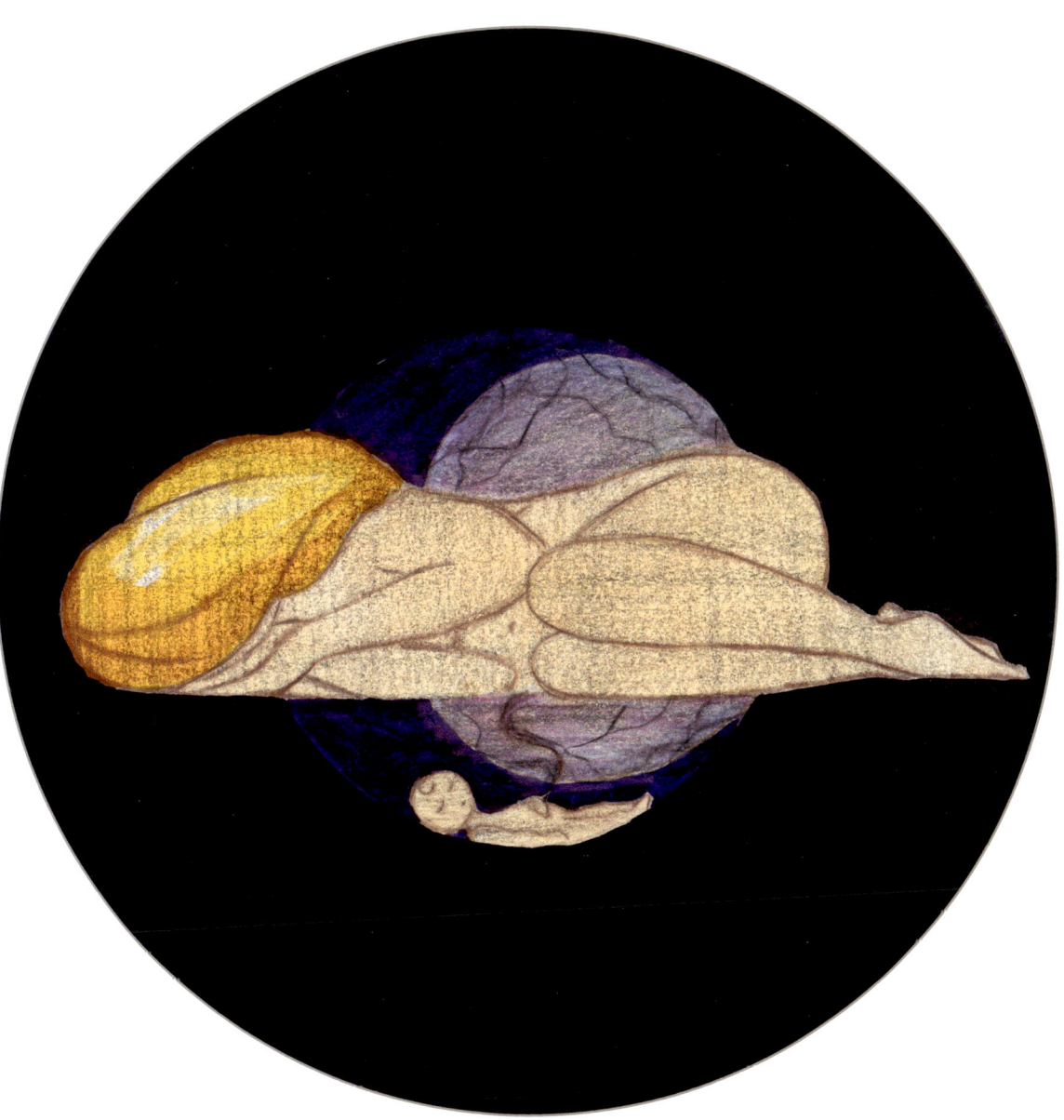

Alptraum

Bitte bring mich fort von hier.

Mein Kind ist fort.

Plötzlich bin ich nicht mehr schwanger.
Das Nichts fühlt sich grausam an.

Ich vermisse dich so, Baby!
Ich vermisse dich so.

Ich will mein Baby!
Ich will mein Kind zurück!

Es tut so schrecklich weh!

Es hilft ein bisschen, ...

... dass ich bei dir so traurig sein darf,
wie ich will.

... dass meine Große auf mich wartet
und mich braucht.

... dass eine Freundin sagt:
„Es tut mir so leid, dass du dies durchleben musst."

... dass die Ärztin sagt, ich könne
noch Kinder bekommen.

Weißt du noch?

Wir haben so lange
auf dieses Kind gewartet.

Und dann dieser glückliche Moment!

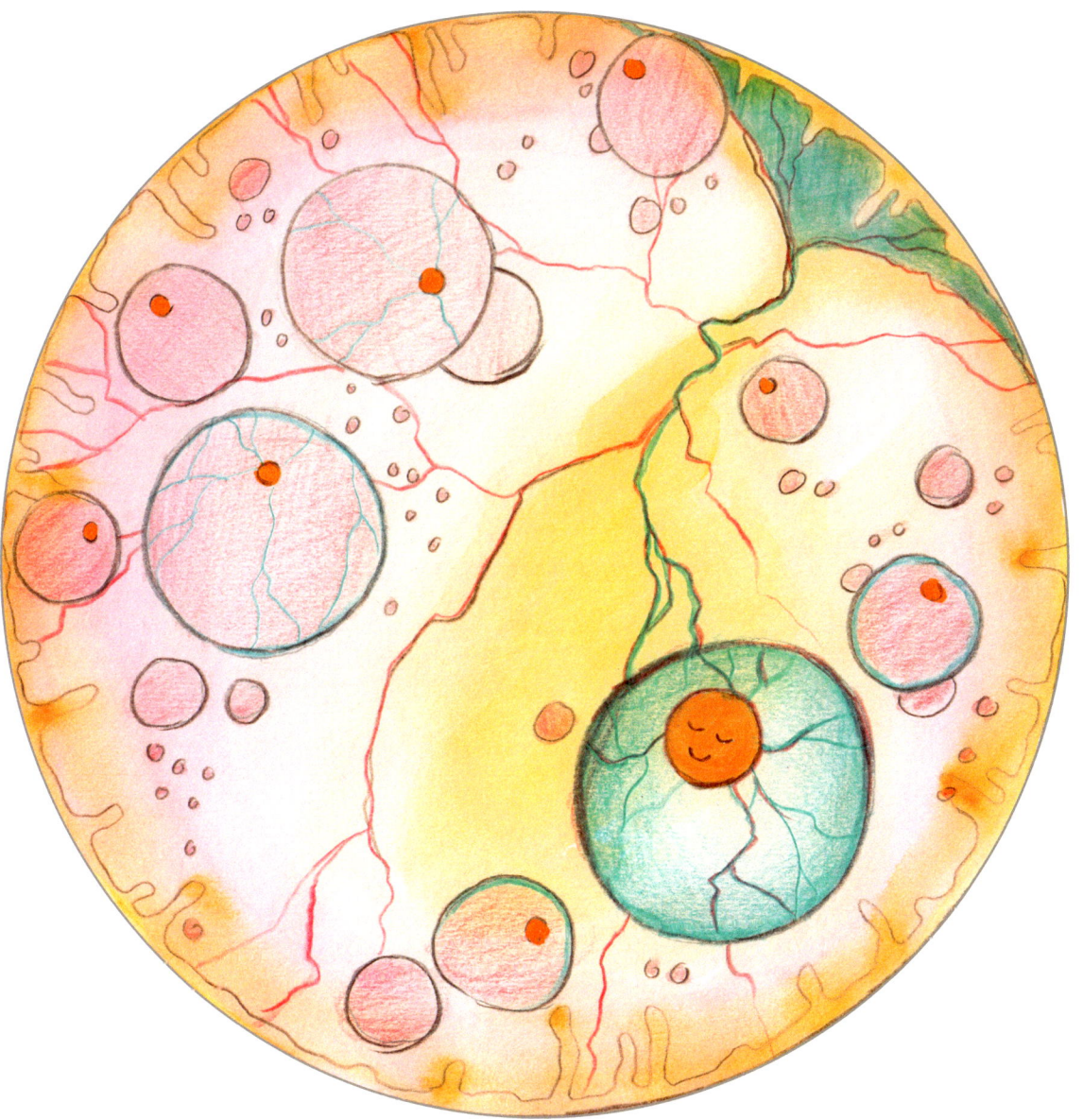

Ich bin schwanger!
Ich bin schwanger!
Ich bin schwanger!

Wie wir uns gefreut haben!

Es war so schön ...

... allen von unserem Glück
zu erzählen.

Endlich sagen können: Ich auch!

Mein Wunschkind!

Wie wunderbar es sein wird,
wenn du da bist.

Wie könnt ihr nur!

Wie könnt ihr nur sagen,
es sei besser so?

Wie könnt ihr nur sagen,
es sei halb so schlimm?

Wir haben unser Kind geliebt!

Kann man mehr verlieren?

Wir wollen ...

... die wenigen Erinnerungsstücke an dich hüten
wie einen Schatz.

Wir wollen ein Bäumchen
für dich pflanzen.

Wir wollen dich immer als unser Kind
im Herzen tragen.

Wir wollen einen Neustart wagen.
Später.

Doch jetzt ...

... zerreißt es mir das Herz,
wenn ich einen Kinderwagen sehe.

... möchte ich schreien,
wenn mir einfällt,
in welchem Monat ich jetzt wäre.

… möchte ich sterben,
wenn ich an den Tag denke,
an dem dein Geburtstag sein sollte.

Sie sagen, mit der Zeit wird es leichter.

Es fällt mir so schwer, das zu glauben.

Bibliografische Information der Deutschen Nationalbibliothek
Die Deutsche Nationalbibliothek verzeichnet diese Publikation in
der Deutschen Nationalbibliografie; detaillierte bibliografische Daten
sind im Internet über http://dnb.d-nb.de abrufbar.

Besonderer Hinweis

Das Werk einschließlich aller seiner Teile ist urheberrechtlich geschützt. Jede Verwertung außerhalb der Bestimmungen des Urheberrechtsgesetzes ist ohne schriftliche Zustimmung des Verlags unzulässig und strafbar. Dies gilt insbesondere für Vervielfältigungen, Übersetzungen, Mikroverfilmungen und die Einspeicherung und Verarbeitung in elektronischen Systemen.

Das vorliegende Buch wurde sorgfältig erarbeitet. Dennoch erfolgen alle Angaben ohne Gewähr. Weder Autorin noch Verlag können für eventuelle Nachteile oder Schäden, die aus den im Buch vorliegenden Informationen resultieren, eine Haftung übernehmen.

Dieses Buch enthält eingetragene Warenzeichen, Handelsnamen und Gebrauchsmarken. Wenn diese nicht als solche gekennzeichnet sein sollten, so gelten trotzdem die entsprechenden Bestimmungen.

1. Auflage	Oktober 2014
© 2014	edition riedenburg
Verlagsanschrift	Anton-Hochmuth-Straße 8
	5020 Salzburg, Österreich
Internet	www.editionriedenburg.at
E-Mail	verlag@editionriedenburg.at
Lektorat	Dr. phil. Heike Wolter, Regensburg
Satz und Layout	edition riedenburg
Herstellung	Books on Demand GmbH, Norderstedt

ISBN 978-3-902943-64-4